동 행

지성·감성의 메타언어
조선문학시인선·310

동 행

우 재 정 시집

조선문학사

■ 책머리에

詩作을 시작한지 많은 세월이 흘렀다.

아직도 나는 詩가 무엇인지, 어떻게 써야 제대로 쓰는 것인지를 잘 모르고 쓰고 또 쓰면서 얼굴을 붉히고 있다.

마음 아팠던 순간순간들을 돌아보면서 '나는 누구인가' '얼마나 더' 하는 허허로움에 망념과 자책으로 의문부를 찍으면서 나 자신 언제 갈지 모르는 세월 속에 뒤돌아보는 시간들이었다.

힘이 되어 주신 올곧은 스승님과 사랑하는 가족들의 보살핌에 삶의 생기와 용기로 홀가분한 날개를 달 수 있었고 또 멀리 날고 싶었다.

전기불이 들어오지 않은 백암산 오지의 농막에서의 평화로움, 자연 속에서 자연과 더불어 정감을 나누면서 구름을 베개하고, 우주의 숨소리를 듣고, 휘파람새 줄지어 아침을 여는 날들 속에서 빈약한 내 자신의 가슴 속 씨앗을 심어 본다.

훨훨 털고 일어서 가는 삶, 내 삶에 새로운 탄력과 생기를 충전하기 위해 부끄럽지만 네 번째 시집머리에 이 글을 올린다.

힘들어 하는 분들에게 부디 행복한 웃음이 가정에 함께 하기를 빌면서…….

壬辰年 初春

홍천 백암산 竹貞농막에서

愚貞 우재정

우재정 시집 **동행**

제2부 / 하늘이 본 정원

제3부 / 조화 앞에서

제4부 시집평설

제1부

지우기 연습

창조

가슴으로
폭포를 쏟아내는 남한강 산
오석 한 점

귀 기울이면
갈기 세우며 뛰어 내리는
군마의 말발굽 소리 들리고
도란도란 속삭임을 끼고 함께 걸으며 찍는
발자국 소리도 들린다

흑과 백의 조화
어찌하여 흑이 백을 토해 낼 수 있으며
어찌하여
백으로 흑을 가로 지를 수 있는 것일까

오석에 새겨진
폭포수의 인연이
필연으로는 읽을 수 없는
오묘한 신비를 읽게 한다

시인의 시(詩)

나는 언어의 중증 환자다
그 중에서도
암시, 축어, 상징,
살아있는 시어(詩語)의
빈혈증 환자다

언제나 내 시가
영양실조에 걸려 있는 것은
이 때문이다

포태와 분만
수술을 요하는
더러는 지체장애이기도 하고
더러는
기능마비이기도 한 지진아

내 시의 붉은 혈을 닦아낼 날은
언제쯤일까

스승 · 1

꽃향기 흐드러진 날 오후
당신은 봄바람으로 하강한 함박꽃
6.25전쟁 통에 언덕배기 판자로 지은 가교실(假敎室)에서
하얀 웃음으로 두 팔 벌려 포옹 해 주시고
치마폭에 얼굴을 묻고 행복해 하던 내 유년의 시절
"학교종이 땡땡땡 선생님이 우리를 기다리신다"는
1학년 담임선생님

어머님은 쪽진 머리에 고풍스런 한복을 입으시고
당신은 높은 구두에 머리 볶은 웃음이 예쁜
함박꽃이셨던 선생님

스승 · 2

오색찬란한 만국기가 휘날리는 운동장
체육을 좋아하시던 6학년 담임선생님
하얀 목련화 회초리삼아 한손에 들고
대열에서 분주하시다

모래 분진 피워 올리며 추던 운동장의 대군무(大群舞)
열 세워 입은 체육복이 하얀 목련으로 현란하다
훤칠하고 유난히 맑고 큰 눈을 가지신 당신은
바람에 휘날리는 만국기보다 더한 몸짓으로

푸른 여백의 삶
바른 길 가게 큰소리로 구령을 해 주시던 큰 스승
당신의 목소리를 듣던 그날이
바람 부는 날이면 자기(磁氣)를 띤 자장으로 젖어온다

스승·3

한줄기 바람이 스치면 모로 돌아눕던 잎새들이
살랑살랑 고개를 갸웃거리는 교실
창밖을 보고 수업하시던 이마가 넓고 반짝반짝 빛이 나시던
과학선생님

어쩌다 눈 마주치면 얼굴 붉히고 고개 숙이던 나의 사춘기
별말씀이 없으셔도 밝은 심성으로 늘 새롭게
자기 생각이나 견해를 스스로 터득하고
신념을 가질 수 있도록 가르쳐 주신 어렵고 크신 스승님

햇살에 피어오르는 안개처럼 피어올라
허물벗기 하듯 하나씩 스쳐가고
바람결에 대학교수, 학장님으로 퇴임 하셨다는
옛적 소식이 가슴에 파도 되어 밀려온다

초로(初老)에 떠오르는 삶의 뜨락에서
달과 벗하며 풀벌레의 가락이 적막을 갉아대며
내 마음에 까지 스며든 이 가을
은은한 달빛으로 예그린 삼매에 들어 잠못이룬다

스승 · 4

교목인 태산목은 꽃으로 피어나
향기의 비 빛의 비로 내리고
푸른 칠판의 국어선생님의 수업은
환희의 비로 내렸다

청아한 하늘
당신이 입 모아 울리는 시가(詩歌)는
자연의 소리를 메아리로 감아 들렸고

'나를 생각하고 사랑하라' 시던 급훈(級訓)은
당신의 영이 자장(磁場)되어 해 밝힌 등불로
내 생의 둥지에 등불을 걸어 주셨다

수정동의 학교에 몸담았던 당신을 기리면
태산목향기가 빛과 그늘로
청학동의 바다를 이루고
파도 물레질 삼아 추억을 감아 올린다

스승·5

눈이 내린다
차가운 눈으로 피우는
따뜻한 시정(詩情)의 체온이 감길 듯한 설화

스승님의 사랑도
꽃으로 피면
차가운 듯 따뜻한
피가 도는 꽃이 필까

하늘에 별 하나
가슴엔 듯 이마엔 듯
얹고 사는
스승님은
내 생의 요람

글자

불빛에 반짝이는 하얀 종이 위의 당신
산은 하얀 능선으로 바다의 너울과도 같이
웅장한 기암절벽으로 뿌리 내리고

산록의 나무들은 하늘을 이고
가지 사이사이로 짙은 보랏빛을 내 뿜으며
바위에 뿌리를 박고 서 있다

바다는 하얀 종이 위에 포말과 너울로
심연에 애무하는 에로스가 되고

폭우로 기절낙담 하는 민초들의
아우성과 우면산 산사태를 전하는 검은 점, 점

당신은 내 속에 불을 밝혀
점점으로 뿌리와 줄기를 들썩거리지도 않고
물결과 파도를
가슴으로 품은 바다를
하얀 종이 위에
검은 글자 꽃잎삼아 꽃으로 피어 올린다

아버지 · 1

아버지는 독립투사
검정두루마기에 중절모 눌러 쓰시고
대문을 나서시는 아버지
눈으로 등 뒤를 따르며 배웅하시는 어머니

어머니의 마음엔
의(義)의 기둥으로 서 계시는 남편

딸의 가슴에는 자랑스러운 아버지
아버지라는 이름만으로도
가슴에 사랑의 물길을 낸다

아버지 · 2

여명이 밝아오는 시간
명상의 심지에 촛불을 밝히고
당신을 생각합니다

방안 가득 당신의 체취
빛으로 피어나고
피어난 빛의 향으로 번져
하얀 가슴에 그리움의 꽃다발이 됩니다

당신을 생각하면
기쁠 때는 슬플 때를
어려울 때는 소망을 바라보게 합니다

말없이 삭이며 키워 온
꽃으로 피우고 싶은 소망으로
기도하게 합니다

아버지 · 3

– 여고 입학식 날

눈부신 아침
아버지 주머니에 손을 넣고 껑충껑충 뛰며 교문을 향하던
첫 등교길

따뜻한 손을 어루만지시며 체온을 건네시던 아버지는
"딸이 희망이라 하셨지요."

푸른 시절의 멋스런 아버지의 모습이
밀물처럼 밀려와 가슴의 흉벽에 새겨지는 아버지의 말씀
오늘도 가만히 귀동냥 해 봅니다

살아오면서 용서하지 못함과 사랑하지 못함이 화석이 되어
세워진 여직 뽑아내지 못한 기둥 하나

아버지의 기원 살신성인(殺身成仁)을 흉벽에 새겨
석비처럼 가슴에 지녔지요
아버지의 의중에 품은 바다 하나
오늘도 나는
꿈을 키우며 한 마리 백조로 살고 있지요

아버지 · 4

– 오빠의 외도

금박 되듯 아침햇살이 비치는 대청마루
벽에 걸린 할머니 영정 앞에 정갈한 물을 올려놓고
삼부자 예를 올린다
어제와 오늘의 일과를 보고 하시면서 제 몸 사르시는 아버지의 모습
오빠의 못 고칠 미운 짓거리에 회초리는 가슴에 묻고 고통조차 단맛을 섞으시며 옥수 같은 말씀으로 세상 살아가는 이치를 이르신다
군자(君子) 중에 군자이셨던 하늘같으셨던 아버지
수십 년 지난 지금 가슴에 각인된 '아버지' 란 이름 불러도 답은 없지만 느낌과 뜻이 간절한 대답으로 가슴에 따뜻한 메아리로 감긴다

아버지·5

삶의 무게를 느낄수록
힘에 겨웁니다

옛날 아버지가 짊어지셨던
짐에 비하면
작은 보따리 하나인데
이렇게 힘에 겨웁니다

어찌 삶이 무게로 계량되겠습니까마는
날이 갈수록 무게는 더해오고
중량에 가슴이 눌립니다

둥지 하나 틀고 살기가
이리 힘겨울 때마다
아버지
아버지를 불러보며
아버지 앞에 서 봅니다

아버지가 그리운 날은
고달픈 삶의 동앗줄을 풀지 못하는 날입니다

하늘에서 굽어보시며
힘이 되어 주세요
아버지
오늘은 눈물이라도
좀 흘리고 싶습니다

※ 감북동 4차 보금자리 발표를 보고.

아버지 · 6

아버지는 늘
눈으로 날 학교에 보내셨다

시계(視界)저쪽으로
아버지는 백조 한 마리를
날려 보내시며
하늘바라기를 즐기셨다

나는 아버지의 꿈이었고
꿈으로 날려 보낸
한 마리 백조였다

가슴과 마음이 호수였던
아버지
그 호수에서 나는
꿈을 사랑하는 백조였다

지금은 내 가슴에
백조대신 아버지가
서 계신다

아버지 · 7

바닷가 언덕위의 집

영혼의 울림으로 조율된 희망가를 들려주시고 행복의 문양을 엮어 사랑을 일구시던 나의 아버지

잠 못 이루는 이 밤, 울음꽃이 피어 총총한 밤하늘의 별을 바라보는 만학도인 딸의 마음을 아시는지 가슴 저리도록 푸르게 내리는 빛으로 보듬어 주시네요 응석받이 딸은 오늘도 편지를 쓰고 있습니다 소인(消印)없는 하늘우체통에 부친 편지의 사연 속에 언제나처럼 웃음꽃과 감사의 꽃을 보냅니다만 아버지께서 답신으로 보내 온 어둠하늘 총 총 파란빛 그림에서도 위로를 받는답니다 아버지 오늘은 구석진 나뭇잎 사이에서 거미가 가냘픈 줄타기를 하면서 끈적이는 본능과 탐심의 줄을 늘이며 한 올 한 올 제 몸을 풀어 집을 짓는 모습을 지켜보면서도 아버지의 지혜를 본 듯 반갑기 그지없는 날입니다 아버지의 손을 놓친 뒤 지금(只今)사 아, 아버지께서 언뜻 내비치시던 노을이 생각나 가슴이 목련꽃물로 물들어갑니다 아버지, 어버이 날이라고 카네이션 꽃이 즐비하게 차려진 꽃가게를 우두커니 바라보았습니다 내일은 하늘나라에 꽃을 바치렵니다

아버지의 유산

당신께서 물려주신 "부지런함과 청렴"이라는 가훈

가훈이 얼마나 귀중한 천만사유산이었는지
이제 가슴으로 깨닫습니다

자식들에게 물려줄 재산이란
'거품꽃'이란 생각을 떨쳐버리지 못합니다

당신께서 물려주신 가훈 가르치지 못한 죄
누구를 향해야 합니까

세상이 변했다고 변명이라도 해야 할까요
아버지 너무나 부끄럽습니다

부지런함과 청렴이란 그 귀중한 가훈
삶의 지혜, 용기란 희망으로 다가오건만
자식에겐 종이그림으로 넘겨야 하니 눈물만 납니다

그대를 알기 전엔

그대를 알기 전엔
나는 빈 들판의 파랑새였는지도 몰라

그대를 알기 전엔
나는 철부지 바람이었는지도 몰라

그대를 알기 전엔
나는 바닷가 산기슭에
이슬 머금은 들꽃이었는지도 몰라

그대를 알기 전엔
나는 파랑새도 바람도 들꽃도 아닌
하늘나라 그림 그리는
구름이었는지도 몰라

감사 그리고 사랑

인고로 굳은 분노가 아닌
사랑으로 녹인 감사

분노와 감사는
사랑으로 꿰맨
두 구슬이다

흙과 적의 빛깔이 아닌
빛깔 없이도 빛깔이 되는
두 구슬
분노와 용서가 하나가 돼 있을 때만이
빛깔이 되는

사랑에 감사 할 줄 아는
눈물을 흘릴 수 있을 때만이
볼 수 있는 개안(開眼)의 순수
감사와 사랑

부끄러워

새치 감추려고 검정물 파는 가게 앞에서
사월의 딸기 같은 마음이 파르르한다
지난 세월이 '짧다'는 말 한마디

딸 아이 순산했을 때의
기쁨도 축복도
마음 낮추어 하늘나라 아버님께 꽃편지 올리고
얼굴 붉힌 설익은 할미의 마음

어릴 적 빨리 자라 멋진 교복 입고
숙녀티 내고 싶었던
뜨거웠던 마음여 어제 같은데

깊은 곳에 갇힌
십 칠세 소녀의 부끄러운 마음을
지는 꽃 손에 받아 사방을 둘러보다
어쩐다! 세월의 뜀박질에 채여
발부리를 내려다본다

사랑

사랑이란
가슴으로 품어대는 펌프질인가

펌프질로 뿜어 올리는
가슴의 불길인가

소리 없는 함성으로 감겨오는
칭칭 가슴을 동여매는
메아리

메아리 따라
울어라 가슴아
절규가 사랑이란 걸 왜 미처 몰랐을까

자식에 대한 서운함과 원망이
먼저 떠난 당신에 대한 그리움이란 걸
이렇게 아프고 뜨거운 것이
사랑이란 것을 왜 미처 몰랐던 것일까

멀어져가는 소리의 아픔

당신의 말귀를 잘 알아듣지 못할 때
미소로 흘려보낸 적이 종종 있었지요.
옛날 아버지께서 미국인과 인터뷰를 하시고 오셨을 때
"아빠 정말 미국사람과 대화를 하셨어요."

"그럼 내가 누군데 ." 영어는 서툴었지만 아버지께서는 "사람들의 공통점은 눈과 그리고 가슴으로 소통되는 것이 있단다." 그리고"자신감이 있어야 상대에게 신임을 받을 수 있게 된단다."고 하셨지요. 서툰 영어발음이었지만 자신감과 따뜻한 가슴을 열어 큰 행사의 주역을 맡으셨던 반세기 전 아버지가 하신 말씀이 지금사 가슴에 조용한 파문의 서툰 발음으로 생각에 꼬리에 감긴다

ㅅ,ㅍ,ㅌ 된 소리가 잘 전달되지 않고 있다는 의사의 진단에 마음이 아팠지만 좀 더 귀기울여 당신의 눈과 마음을 읽으려고 노력하는 내 모습을 보면서 소통이란 단어에 친밀감을 느끼며 생활하고 있다

하나님은 공평하신분이시다

나의 사람됨을 일찍 아셨는지 자연에 귀 기울여 노래할 수 있는 지혜를 주셨다 바람이 불면 바람소리를, 바닷가 모래사장에서는 파도 소리를 산속의 새들의 공중놀이에서는 하늘의 구름들이 모이고 흩어지는 모양으로도 읽고 들을 수가 있어 글로 표현하는 은혜를 마음의 풍금소리와 함께 깨닫는다

가랑잎에 달빛이 내리면 빛의 움직임과 소리를 들을 수가 있어 행복의 에너지에 더한 보탬을 한다 시작(詩作)을 하면서 훌륭하신 스승을 만나 의지하며 자연의 경광(景光)을 소요하며 눈으로 가슴으로 소통하는 즐거움을 누리며 멀어져가는 소리의 아픔을 언어로 사유(思惟)하니 행복한 삶이라 할 수있지 않을까

공자(公子)

톱니바퀴가 돌아간다
바벨이 멈춘다

너는 제동 없는
기아처럼 물렸던 이빨을 풀고 이탈하고
나는 네 앞에서
절망하며 쓰러진다

하나의 정체는 무엇인가?

한없이 꿈을 펴는
큐피트의 화살이
가슴 과녁삼아 명중한다

이탈했던 톱니가
다시 물리고
물려 전체를 흔들고 돌아가는
너는 암수의 기어를 돌리는
내 사랑이다

생 · 1

그늘을 돗자리 삼아
구름 베개하고 눕고 싶다

누워
떠가는 구름 눈으로 보내며
보내지 못하는
그리움 하나
가슴에 구름으로 띄워

강물 따라 띄워 보내고 싶다

혈연(血緣)

– 돌잔치에서

끊을 수 없는
헝클어진 자연 속에서
한줄기의 음을 배달하는
전화벨

명멸하는 화려한 색체사이로
뭇 사람들의 익숙한 행진들이 이어진 블랙홀

아가는 희망이고 기둥
연필, 마이크, 실, 돈 앞에 아가를 세워 놓고
"그래 머니가 최고지"
돈, 돈에 대한 향수와 멍울로
손뼉의 날개를 흔드는 하객들

시간이 흐른다
구름 같은 하얀 드레스에
면사포를 쓴 아가
붉은 노을에 물든 봄인 양

희망을 손안에서 방울방울 날린다

봄빛처럼 그중 예쁜 아가의 은빛날개
"참. 잘도 생겼구나"
자라면서
일몰 앞에 가장 욕심 없는 희망을 꽃피우길
두손 모아 기도해 본다

고향

'고향'이란 소리만으로도 정겹고 촉촉이 젖어와 가슴이 아리다.

짭조롬하고 감칠맛 나는 바다의 염분냄새와 시끌벅적한 자갈치시장의 인파 속에서 들리는 경상도 특유의 사투리에도 울컥 눈물이 고인다. 걷고 싶은 남포동의 거리가 머리로 맴돌고 광복동의 미화당백화점, 빨갛게 피어오르는 동백나무, 이순신동상이 바다를 지키고 서 있는 용두산공원과 공원의 40층층 계단이 벗이 되어 넘실넘실 부활의 꽃으로 가슴에 가득 차오른다. 남포동 해안(海岸)가 영도다리는 하루에 2번씩 올라가는 모습이 장관이었다. 멀리 보이는 오륙도(五六島), 그리고 지평선의 큰 배들의 화려한 위용의 불빛이 찬연한 바다 물결과 함께 심장에 펌프질을 한다. 여고 2년 때 자갈이 울퉁불퉁한 시골길로 걸어서 소풍간 태종대, 기암절벽에 부딪치는 파도소리와 아름다운 풍치가 지금도 가슴을 설레게 한다. 보수동의 헌책방을 뒤져서 교과서를 샀던 일과 수많은 사람들 틈에 안간힘을 다해 밀리고 밀치면서 전차를 타고 통학하던 그 시절이 사무치게 그리운 부산, 억양이 센 사투리가 귓가를 쟁쟁 울린다. 고향생각을 달래며

망향가

비 내리는 밤
당신이 아끼시던 남한강 산
오석 한 점
하얀 선으로 뛰어내리는
폭포가 떨어지고 있다

잠을 앗아간 젖은 우수(雨愁)달래러
수석 앞에 앉아본다

젖은 마음 때문일까
젖은 가슴이 되어
젖어보는 추억

당신의 넘쳐나는 정
강물로 흘려보내시던 정

오늘은 마르지 않는
오석의 폭포로 되돌아보며
불러보는 아버지

묘지

산자만이 찾을 수 있고
돌아설 수 있다
잠든 묘지의 풍속은
그렇게 되풀이 되어 왔다

찾을 때완 달리
돌아 설 땐 늘 한 짐
등짐이 지워진다
무게를 알 수 없는
살아서는 부려놓을 수없는
불효(不孝)라는 등짐

묻고 돌아서는
찾고 돌아서는
언제나 마음 앞세우고 갔다
뒤에 두고 오는
묘지라는
생 저쪽의 공동지대

제부를 보내고

늠름한 육사생도
육군대학의 엘리트
백골부대의 영웅
언제나 흐트러짐이 없었던
제복의 사나이가
컷과 컷으로 영상을 잇는다

가슴에 꽂힌
고엽의 전쟁 상흔에도
올곧은 기품 흔들림이 없었다

지금은
흑석동 국립묘지의 청명에 잠든
제부

부디 명복을 비오니
하늘나라에서도 불 밝히는
지상의 별보다 크신 성좌 되소서

돋보기

몸의 표피에서 분열이 일어난다
자연의 섭리일까
부끄럽다

잘 들리지 않아도 상처받지 않고
물소리, 바람소리 들으며 싱그러움을 읽고
율동이 있는 나무숲을 지나
과일나무 심고
길가에 앉을 돌벤취 만들고

소나무 장작들이 불꽃 속에
갈라지며 튀는 소리
환한 불빛 받으며 내 나름의 율동으로
결점을 숨기고 가리려 하지도 않고
빛과 열로 사르는 촛불처럼 감내하며

여명을 먼저 알아차리고

석양(夕陽)을 바라보며 기도하는
삶을 살고 싶다

오늘도
나무식탁에 앉아 눈부신 빛의 성찬을 향유하며
시원한 잠의 샘가에서
무지개로 발돋움 해본다

기도

기도의 기름에 불밝히는 계절
누구에게나 똑같이 나누어주신 공의로우신 당신의 사랑
시작은 누구나 다 빈손이었습니다

숨이 차도록 달려온 시간들 속에
나와의 싸움에 쌓은 기도만이
내가 지나온 길섶마다 노래한 충만의 기쁨이었습니다

당신의 사랑
내가 모르는 당신이 더 거룩하고 더 두려울 때도 있었습니다
나는 늘 사랑에 목말라했고 내가 잘 모르는 당신은
너무나도 높이 계시기에 더 두려울 때도 있었습니다

당신이 남긴 사랑만 영원한 소리로 남아
새벽길 눈물로 회개하며
밝은 내일을 달라고 노래합니다
당신의 겸허로 채워주소서 당신의 경건으로 채워주소서
나의 주님!

절망이 올 때 내 삶의 회복을 위하여 고요히 눈을 들어
하늘을 바라보게 하옵소서
당신이 주신 사랑이 가슴을 적시고
생명의 빛으로 오는 사랑의 소리를 들을 그날을 위해
가을 하늘 한 자락
당신의 사랑으로 물들이는 단풍이기를 기도합니다

고백

자식들이
다하지 못한 불효를 안고 살듯이

어머니들은
자식들에게 다 주지 못한
정을 가슴아파하며 산다

불효와 모정이 다르지 않음이다
엄마와 자식이 마지막
한 줄의 고백을 피로 쓴다면
불효와 모정이 아닐까

중년이 다된 여식과
오랜만에 한강 철교를 지나며
함께 가야 할 인륜의 궤도에
피의 레일을 깐다

오늘

산등성이의 눈도 설원의 끝을
배다리로 이어
하얀 뿌리를 한강에 내리고 있다

하얀 세상 속에서
하얀 마음으로
하얗게 살고 싶은 하루

때 묻지 않은 삶과
삶의 의미를
오늘에 펼쳐
하루 위에 빨간 삶을 덧칠해본다

지우기 연습

아름다운 집 한 채
언덕 위에 세웁니다

언덕 너머
깊디깊은 강의 배꼽에서 뿜어내는
무지개도 떴습니다
허나 지금은
낡고 묶은 그림
무지개를 지우고 있습니다

지워도 지워도 되살아나는
지워지지 않는 채색된 아픔
사랑이란 지우게로도
지우지 못합니다
지워지지 않을 수록
지우고 또 지우는

지금
지우는 연습 중입니다

차를 끓이다 · 1

서로 마음이 닿으면
눈웃음으로 일어선다

차를 끓인다
다기 속의 맑은 물소리

방울방울 몸 일으켜
사랑을 노래한다

하얀 장미꽃 내뿜으며
방울방울
내 마음 속을 비운다

향기가 피어오른다
비워 진 마음
따뜻한 그림이 그려진다

차를 끓이다 · 2

마실수록
비워낸다

찻잔이 아닌
가슴 속에 고였던
그리움이거나
외로움

마실수록
퍼낸다

찻잔 아닌
마음속에 넘쳐나던
미움이거나
부끄러움

차 한 잔으로 씻어내는
외로운 일의
카타르시스

제2부

하늘이 본 정원

산은

이렇듯 푸르름을 풀어낸 향기는
아버지의 정이랍니다

하늘의 구름보다
막 뿌리 내려올린 잎새를 풀무질하는
스승의 마음입니다

우러러 바라기하는 관산(觀山)은
꼬리 문 능선의 믿음직한 모습이
아버지를 닮은 때문입니다

산이 되고 싶은 마음은
골마다 품어 안아주는 아버지의 정과
가르침을 주시는 스승님의 마음을 닮은 때문입니다

백암산 농막에서

가을이 우리 곁을 멀리하고
며칠 있으면 눈이 많이 내린다는 대설(大雪)이다
농막에 큰 가마솥 걸어놓고
메주 쑤는 아낙인 내 모습
가슴에는 아궁이 불보다 더 뜨거운 장작불로 지핀
기(氣)로 금방 피는 빛살 얼굴은 홍조가 되고

큰 가마솥 앞에 앉아 관솔옹이로 송진내 나는
나무토막을 불속으로 자꾸 밀어 넣는다
불 앞에 쪼그리고 앉아 동화책 읽어주시던
할머니의 목소리가 들리듯이 참 구수하다
돌아가신 옛 어른들의 눈물이 보이고
참 지혜가 생각에 생각의 꼬리를 물고 일어 난다

오지의 산골짜기에서 물씬물씬 콩이 익어가고
'따닥따닥' 불티 튀는 소리로 가슴이 콩당콩당 콩으로 익어간
다
굴뚝에서 피어나는 연기가 산정에 기적을 울린 듯 긴 여

운을 남기고
내 어릴적 아궁이 앞에서 고구마 구워 내놓으시던
어머니의 따뜻한 손길이 그립다
큰 됫박에 삶은 메주콩 넣고 밟으시던 지워지지 않는 할머니 모습
저녁나절 생솔 타는 불꽃 앞의 어머니의 모습이 자꾸 떠오르는
내 유년의 시절이 그림으로 다가와 수원(樹源)의 가지너머로 산 밑을 내다본다

누린다는 것이 무엇인지
해맑은 미소로 번지는 행복이라는 굴레
자연이 좋고 나만의 공간이 나래를 펴 말한다
하루치의 행복을

백암산 · 12

하늘 맞닿은 곳
줄기째 토악질을 해대는 폭포의 위용 앞에
하늘바라기로 서 본다

한 섬씩
백 섬씩 구슬을 토해내는
토사물엔 구린내 아닌
문명으로는 헹궈낼 수 없는
순수가 들어 있다

얼마만큼 저 낙법(落法)을 익히면
물의 순수로 돌아갈 수 있을까

사바의 얼룩진 삶을 헹구며
토악질의 세례를 받는다

백암산 · 13

산국 노랗게 토해내는 향
맑고 갠 날일수록
백암산 기슭에
무지개로 핀다

이슬도 산국과 입술 맞대면
사랑이 될까
사랑이 되어 밀어 마다
향 묻혀 낼까

산록 한 자락
마음의 화폭에 담아와
가슴으로 펼치면
나도 한 포기 산국이 되는

그런 날
백암산 바라기로
가을 하늘 아래 서면
향인듯 가슴에 감겨오는
비선(飛仙) 한 자락

백암산 · 14

4경 한숨자다 깨어 밖에 나가 올려다 보면
칠백고지 농막의 별들은 유난히 밝다

내 마음의 은하에도 별이 뜰까
별이 떠 하늘 은하에 가 닿을 수 있을까

도란도란 속삭이는
맑게 흐르는 개울물이
달빛을 싣고 흘러가는지

바람소리 새소리 풀벌레소리 교향(交響)에
달빛 따라 개울물이 흘러가는지
따져 무엇하랴
투명한 영혼도
달빛 따라 노래 따라 흐르는 것을

형언할 순 없지만
가슴에 박히는 무수한 언어들이
보석처럼
북두칠성처럼 반짝이며 빛으로 새겨지고 있다

해인사 · 1

– 가야산에서

소리길
천년의 계곡 마음 열어
헤매고 있는 나를 부르는 소리에
얼굴비추니 산이 내 곁에 없는 것을 알았다

세속에 물든 삶
자연의 소리 잃어버리고
비틀거리고 살았다는 것을 알았다

침묵의 길, 명상의 길, 돌아보는 길,
함께하는 길, 비움의 길에
물소리, 바람소리
세월 가는 소리모아 떨어지는 단풍잎 하나
발자국으로 찍혔다

가을비가
스멀스멀 가슴을 적시고 붓끝이 되어 그림을 그린다

마음에 새긴 천년의 대장경 앞에 노래를 부르기 시작했다
내가 산이 되기 위하여 참선당에 무릎 꿇고

해인사 · 2

- 성철스님사리 앞에서

일주문 밖에 꽃봉오리처럼 솟은 선(禪)의 공간
방광하는 원 앞에
은산철벽(銀山鐵壁)의 방전이 전률되어 때 묻은 육신을
칭칭 감았다가 다시 풀어주며 가슴을 옥죄인다

나는 무엇인가
보고도 보지 못하고 만나도 만나지 못하는
나는 무엇이어야 하는가
작금(昨今)의 심정에 불을 밝혀 엎드린다

가야 산정엔 연화(蓮花)이듯 구름과 부처님의 미소가 동행하고
지름길 찾아 헤매는 마음 헤아려
"미친놈에게 칼을 쥐어 주는 것"이라는
스승님의 말씀이 귓바퀴에 쟁쟁히 맴돌아

마음에 세운 기둥 삼서근(麻三斤)이란 화두를 가슴에 품고
물같이 바람같이 살다가라는 의중인데
가야산은 불음(佛音)타고
단풍으로 낙화하며 대자연의 순리에 마음없어 살라하네

산사에서 · 1

청산의 늙은 절간
바람으로 타종한 정적이
추녀 끝 풍경 소리에
은하수비가 되어 쏟아져 내린다

비에 젖어
추적추적 발자국 찍어
정적 발길질 해 보지만
절간의 텅 빈 공허는
깊이를 더해간다

스님은 어디로 출타하신 것일까
상수리나무에서
도토리 하나가 의문부 대신
떨어져 찍힌다

산사에서 · 2

필사의 도주이듯
줄행랑치는 계곡의 바람소리
아마도 새벽 독경소리 훔쳐 달아나가는 가 보다
참선에 드셨는지
노 스님은 미동도 없이
가부좌를 틀고 앉아 있고
지켜보던 달은 처마 끝을 돌아
어둠 밖으로 빗겨선다

안개 한자락이
치고 있던 울타리를 거둔다

한강·3

두 강물이
두물머리에서 몸섞어
하나가 된
한강

새겨보면
북녘· 남녘 하나임을
하나 된 몸으로 보여주는
한강

한 핏줄
한 동포
시원(始原)을 같이 하는
하나의 겨레인데

동강난 국토의 한을
몸부림으로 껴안고
한강은 흐르고 있다

하늘이 본 정원

밤새워 빚어낸 진초록 정원
속살 훤히 드러낸 이슬이
송골송골
샘물처럼 다시 괴어오는 풀밭
향기가 하늘로 피어나고
초록 융단삼아 폴짝 엎드려 온몸 햇살 받고
눈망울 굴리는 청개구리

유년의 처자 가슴처럼 볼록볼록 노래한다
불효된 부끄러움일까 바람소리에도
어머니의 목소리가 들릴 듯 폴짝 뛰는 가슴
정원에서의 숨바꼭질로 숨긴 숨소리 때문일까
원초적인 그리움 때문일까
또르르 이슬방울로 무지가 말린다

정원에서 · 2

정원은 작은 화판
햇볕 풀어 바람으로 찍어 바른 붓끝에서
형형의 색깔이 꽃잎으로 피어난다

원정(園丁)은 누구인가
붓 하나로 하늘도 바람도
햇빛도 찍어 발라
꽃을 피워내는 도화사일 듯싶다

소리 없는 시(詩)
무성시(無聲詩)는 한 폭의
그림이 아니던가

유성(有聲)의 것을
무성(無聲)으로 둔갑시킬 줄 아는
원정(園丁)의 정원에서
소리없는 시로
소리를 듣는다

나무 · 1

사계의 순환을 따라
돌아오고
떠남을 아는 나무는
자연의 전령사다

지금은
돌아가는 계절
육신은 남겨두고
혼으로 돌아가는
발자국마저 벗어놓고 간
귀천(歸天)

누리고 거둘 줄을 아는
나무의 풍속에서
생의 의미 한 줄을 읽는다

나무 · 2

- 태풍이 지나고

나오려나
나오려나
겨우내 붉게 속앓이만 하더니
새하얀 바람으로 달력을 넘긴 파란 6월
붉게 멍든 소나무
하늘 사이로 붉은 가지 내민 자리에
빠끔히 내민 연초록 침엽 나뭇잎

아프고 아리게 눈이 부신 초록빛
땅속에 수액의 기둥을 세워 수액을 펌프질하던
인고(忍苦)의 시간

뜨거운 기도로 하늘바리기 했던 너와 나
눈뜨고 마음열고 초록의 전률 가슴으로 울어라

나무 · 3

한 그루 나무가
빛깔로 웃고
빛깔로 말하기까지
오랜 침묵으로 울타리를 쳤다

울타리가로 번지며
울타리를 월장하는
햇볕이 풀어 감는
아지랑이로 두른 겹 울타리

나무들은
울타리를 지키는
봄의 문지기다
문지기의 봄을 지키는
울타리다

바다 • 2

바다는
어머니의
품

품 떠난
하얀 섬 하나
파도 울타리 치고
외로움 달래며
산다

바람 · 2

가지마다 손 흔들어 보내고
꽃봉오리마다 고개 조아려 보내는
바람의 행차를 보았는가

특히 요즘 같은 가을
이파리로 발자국 찍으며
연변의 코스모스 배웅을 받으며
지나가는 바람의 행차를 보았는가

어떤 날엔
내 가슴에도 바람의 순례가 시작된다
세월의 어귀를 둘러보거나
그리운 옛날의 흔적들을 찾아가보는
가슴으로 길을 내고
가슴으로 걷는 바람의 순례

이 가을
나는 바람의 순례자가 된다

여름밤의 소나타 · 2

폭풍우가 휘몰아쳐 외로 튼
가지마다 시들한 나뭇잎들이
우수에 젖어 있다

칼 비바람에 찢기고 맞아
꺾이고 휘어져 쓰러져도
자연의 법도려니 탓이 없는 나무

나는 누구인가

나무 앞에 서서 나를 의문부로 세워본다
나도 나무처럼 살 수 있을까
천리를 좇으며 살아 갈 수 있을까
나무가 지닌 덕을 빌어
서 있을 수 있는 기둥 하나 세워본다

풀섶에서

풀섶에서의 푸른 휴식
웃자란 풀의 몸짓으로 바람 앞에 서 본다

거친 바람에도
작은 꿈 하나 머리에 이고 사계를 수놓으며
제 살 부벼 햇살 안고
일어섰다 누웠다 하루를 반추하는 풀섶에서

바람의 몸짓 흔들리며 사는
순리의 삶을 배운다

산국화 · 1

국향
빛깔로 풀면 무슨 색이 될까
색이 되어
가슴으로 물들일 수 있을까

향없이도 사랑
가슴 적시듯
물든 가슴도
사랑으로 젖을 수 있을까

알 수 없어라
어찌 코로 맡은 것이
가슴을 연소하는지

연소하여
사랑도 향으로 물들게 하는지

산국화 · 2

제마다 빛깔을 달리한
산국 한다발
어찌해서 향은 같은 것일까

얼굴 서로 달라도
한 핏줄 이듯이
산국(山菊)향도 그러한 것일까

향과는 달리
같은 모습
같은 핏줄로 살면서
생각 따로따로인
남과 북

북녘에도 지금쯤
산국 피어 있을까

겨울나무·2

꿈꾸는 체온이 있다면
몇 도나 될까

가지들이 앓고있는 신열이 있다면
열기는 또 몇 도나 될까

피 한 방울 돌지 않는
빙점지대에서
꿈꾸는 봄은 아직 먼데
바람들은 삭풍의 감기를 좀처럼
접지 않는다

뿌리로 숨 쉬며 기다리는
봄소식은 아득한데
아득한 것에 길들여진 기다림으로
꾸는 꿈은
늘 푸르기만 하는 나목

눈 내린 한강

눈꽃이 활짝 핀 설원
이불삼아 벌렁 드러누워버렸다

비취빛 하늘이 덥석 손 내밀었으나
일어서지 못하고
가슴에 동심의 별이 압핀이듯 꽂혀
꼼짝할 수 없었다

누운 체로 박제가 되어버린
가슴에서 피가 도는지
짓눌렸던 겨드랑이에서 깃털이 돋았다

지니고 다니던 허욕의 무게를 덜어버린 때문일까
치부의 탑을 내려놓은 탓일까

비움으로써 채울 수 있는 법과
채움으로써 비울 수 있는 법을
때 묻지 않은 눈의 순수함에서 배웠다

미사리(渼沙里) 외유

강물에 몸 풀어 띄운 자운(紫雲)이
가슴에 채색되어
행복으로 수놓인 걸까

수틀 위에 마음 띄워
가슴에 담아본다

* 미사리(渼沙里) : 하남시 한강 조정경기장 옆에 위치.

미사리

두물머리 몸섞어 안고 흐르는
한강변 미사리
물길 따라
모래둔치 발자국 찍으며 거닐면
언덕 위 야경
강물 거울삼아 몸단장하고
나들이인듯 미사대교를 빠져나간다

몸 틀며 가 닿는 곳
마중한 한강이 다시
몸 풀고
흘러 흘러 천리를 굽도는 한강
미사리 간이역 삼아 잠시 들렀다가
살아있는 백제의 넋 싣고
다시 떠난다

하남 아리랑

아랑아랑 아라리요
사랑의 강 창모루나루터에
백제의 넋 심어놓고
떠난 님 도미여
님 찾아온 아랑이여
일편단심 천리 길
아리아리 목 놓아 님 찾아간 아랑이여 도미여
검단의 수려한 자태 안고
백제의 기품 풀어 흘러 보내는 아리수강가
아랑이여 도미여 목놓아 부르는
아랑아랑 아라리요 하남아리랑

아랑과 도미

바람은 마른 갈대밭을 휘돌아
한 풀이인 듯 몸짓으로 춤사위를 고른다
그대들이 노저어간 아리강가 도미나루의 하늘
연둣빛 연정 꿈으로 남겨놓고
한성백제인의 참사랑 은하수로 쏟아 내린다

검수(劍樹)같은 개로왕의 붉은 칼에 빼앗긴
두 눈의 비애여
진실이 무엇인가 눈물처럼 스며들어 고이는 참사랑
사랑의 강 생명의 강으로 몸 섞어 하늘에 기폭을 세우고
햇빛처럼 바람처럼 거친 바다로 향하였구나

한결같은 태고의 숨결로 토해낸 강물은 흐르고
강심에 비치는 해맑은 얼굴
바람이 일렁이면 얼굴위로 쏟아져 내리는 은하수
그대 향한 일편단심 아랑의 슬픔도 파도와 함께 출렁인다

겨레의 강
장엄한 검단의 기품 간직한 한강이여 도미나루여

강은 역사의 거울
한성백제인의 절대불변의 불사조 진실을 비춰주거니

계례의 가슴에 새겨진 이별의 아리아
도미와 아랑의 은빛날개 뜨거운 눈물로 빗질을 한다
가슴에 묻은 연인이여 붉은 하늘에 종을 울려라
그리고 영원하라

까치 소리를 들으며

"새해 복 많이 받으세요."
임진년 새 아침 대학 동기로부터 온 문자 인사가
가슴을 울린다

지천명을 훨씬 넘어 시작한 대학 마무리 해
서로에게 어진 친구 착한 벗으로
학문에는 냉철로
정으론 따뜻하게 감싸주던 동기생

목마른 사람이 샘물을 찾듯
배움의 갈증 축이려
들어선 늦깎이 배움의 길

열강의 풀무질로 가슴 덥히며
설익은 가슴 학문으로 길러내는
강의실은 양식의 창고

한잔의 동동주에 부딪치는 눈빛
꽃잎 되고

술잔에 꽃잎 띄워 마시며 불꽃으로 피워내던 가슴들

밀고 당기는 토론
끌며 안아 감싸주는 격려가
형제애로 승화된 동기에게
문자아닌 옹알이로
"그래 복 많이 받아라."를 외어 본다

하늘에 오르다

- 현진이를 보내면서

'어린이는 어른의 아버지'라고 했지요
어릴 적 자식은 웃음꽃을 안겨주는 자연 그대로지요
자식이 주는 고통도 원망도 돌아서버리면
잊어버리고 가슴에 품는 어머니

자식과 교감된 파장(波長)은 끊임없는 자장가로
용암의 뜨거움을 지닌 채 그리움으로 기도하지요

희망찬 목표를 품고 떠난 아들
밥상을 마주하면 웃는 얼굴에서도
우주가 녹아들곤 했는데
어머니는 눈물이 흐르고
가슴은 저녁노을처럼 붉어지는구나

'꿈은 현실의 씨앗이다'

아들아, 무수히 빛나는 사람 속에 세상을 들여다보아라
빛나는 속에서도 눈물을, 눈물 속에서도 평화를 볼 수 있는

마음을 가져야한다고 일렀지만
새삼 아무런 힘도 가지지 못한 무능을 깨닫는 어미의 마음

무수히 깔려있는 혼돈의 벽을 넘어
완벽의 씨앗을 찾아 인천공항에서 비행기에 오른다
기쁨의 날이 오기를 기다리는 정적
아픔이 가슴으로 스며들어 바다가 된다

콩타작

도리깨 맛을 보고서야
존재를 드러내는
매질 없이는 태어날 수 없는
진주도 아니면서
구슬도 아니면서
완성된 원형으로
태어나는
콩

도리깨 맛을 보고서야
껍질을 벗겨내는
콩타작이 그러하듯
매를 맞고서야
비로소 영글어 갈 수 있는
육신속의 진주
양심타작하기

기상이변 · 1

\- 정원의 개구리

적요가 먹물로 터진 밤
정원의 자궁 속에서 태어난 개구리가
밤새워 어둠을 계워낸다
함성이기엔 노래같고
노래같기엔 토악질이 심하다

무언가 전하고 싶은 메시지가 분명한데
도저히 해독 할 수가 없다

개골개골 평화롭게 흐르던 개천이
허리를 틀며 꿈틀대며 몸을 일으킨다
아수라장이 된 평화의 동굴에 쓰나미가 몰려든다

아하
기상예보를 알리지 못하는 기상이변
어찌 그걸 저 미물이 알려 주는걸까

개골개골
개골개골

* 평화의 동굴: 서재.

기상이변 · 2

- 태풍

해마다 맞는 손님
수마의 보따리엔
재앙이 가득 들어 있다

사라가 핥고 간
상체기에 여직 피가 마르지 않았는데
루사
매미
곤파스
꿀랍이 부리고 간 심술

가까이 다가온다는
뉴스만 접하고도 경기가 이는
두려움

두려움보다 무서운 건
무기력

자연의 위력 앞에
무릎을 꿇을 수밖에 없는
문명이 배우는
자연

자연이 스승이란 옛 분들의 말씀이
허사가 아니었구나

기상이변 · 3

– 폭우

대지엔 장대로 꽂히고
양철지붕엔
날선 철못으로 꽂히는
뭍을 바다로 둔갑시킨
폭우

미처 배설 해 내지 못한
도시의 하수구가 토해내는
뱀의 혓바닥으로 핥고 간 시궁내

하늘이 내린 벌족의 재앙인가
저주 오기 분노인가

서울근교에선
우면산이 무너져 내렸다는
뉴스가
수재민들 가슴에
수인(囚人)의 도장을 찍는다

창가에서

유리 한 장으로 칸막이한
창안과
창밖

문명과 자연 사이에 끼워 넣은
투명한 벽

깨어질 수 있다는 것과
깨어져서는 안 된다는
인위(人爲)와 무위(無爲)의 경계

우리는
창 하나를 사이에 하고
문명과 자연을 여닫는다

세상사

일상의 나날은 나를 지켜주시는 하늘에 계신 아버지께 올리는 기도로 시작된다

기도로도 지탱하기 어려워 힘이 들면 아버지가 불러주시던
재정아, 힘들지 힘내자 하고 파이팅을 외쳐주신 소리 없는 메아리가 즐거움으로 피어 온 몸을 감싼다

아픔이 있을 때면 '아픔아 왜 날 찾아와 괴롭히니 친구 할려구 그래그래, 친구하자'며 나에게 이야기하다보면 위로가 되고 웃음을 같이 하게 된다

참 편하다

하늘엔 아버지가 계시고 지상에는 아버지 같은 스승이 계시어 지치면 기대고 잘못하면 말씀으로 채찍을 대신하시니

항상 사고(思考)속에서 꽃피우는 한 소절 한 소절 시를 떠올리는 하루를 감사의 페이지로 넘기는 일상이 가슴에 불을 지피는 온기로 따뜻하다

제3부

조화 앞에서

길 건너

꽃향기는 없데
꽃향보다 진하게
베어나고 번지는 단내

단내가 꽃을 피운다는 사실을 아는가
화즙인듯
가슴에 꽃물로 번지는
꽃으로도 피울 수 없는 단내로만 피울 수 있는 가슴

그런 가슴으로 건너다보년
길 건너
개짓는 마을 어귀 가난한 울타리에 핀
살구꽃에서도 단내가 난다

하이힐

또각또각
무슨 호출을 받았기에
저리 급히 환승역으로 뛰어가는 것일까

삐걱삐걱
무슨 수신(受信)을 받았기에
층계를 오르는 발걸음이 저리
천근만근일까

하이힐에 찍힌
아픔들로
송송송 하루의 삶에 구멍이 난다

수신제가(修身齊家)라 했던가
하이힐에 달라붙은 스스로의
허물도 벗어던지지 못하는 주제에
수신(修身)이니
제가(齊家)가 가당치나 하는 것일까
귀가 길에 내 허물을 신어본다

조화(彫畵) 앞에서

당신이 보내온 그림 앞에서
내 삶을 유추해 본다

늦은 깨달음이 얼마나 긴 세월이었나
그림 속에 녹여져 번지는 오체의 몸부림
기쁨, 슬픔, 고뇌하는 모습을
천분의 일이라도 가까이 할 수 있을까

그림 앞에 고뇌와 감사의 기도를 할 수 있다는 생각은
지나친 호사가 아닐까
위대한 그림 앞에 가슴은 뛰었고
못 미친 뉘우침이 머리를 숙인다

얼마나 더 낮아지면 당신의 가슴 소리에 귀 기우릴 수 있을까
귀 기울여 신음하며 절규하는 고뇌의 소리 들은 적 있을까

선(線)에서 선(禪)으로 이어지는 화폭
화폭에 담아 화폭으로 여는 또 하나의 하늘
그 하늘바라기로
가슴을 여며본다

터널 기공식에서

산과 산을 뚫어
길을 낸다
길로 길을 내어 막힌 길을 잇는 덕풍동터널

터진 터널로 일시에 꽃물결이 쏟아져 나온다
가슴과 가슴으로 피운 꽃길의 파도
파도가 길이 되어
막힌 가슴에 물길을 낸다
그렇구나
산과 산도 뚫으면 길로 이어지는데
어찌하여
뚫리지도, 뚫지도 못하는
막힌 산이 있는 것일까

3.8선이라는

평화비 소녀

- 일본 대사관 앞

대동아전쟁의
옛적
우리네 어머니의 모습이다

지금은 북망에 갔거나
망구가 되어버린
옛 시절의 얼굴을 한
평화비 소녀

소녀의 순수도
국운과 함께 짓밟혀버린

먼 할머니의 저 모습
한으로 얽힌 주름을 펴고
그날의 모습을 지키고 있다

후지산을 바라보며

높이가
하늘에 닿아 있었던 때문만은
아니었다

화산 모랫길을 골라 딛는
팍팍한 행보 때문만도
아니었다

무엇이었을까
오를 때의 천근만근으로
무거웠던 발길이
내려올 때 더 무거웠던
까닭이

그렇구나
'전쟁의 역사는 미워해도
무위(無爲)로 서 있는
산만은 미워 할 수 없었기
때문이었구나

토속 엿을 보면서

째깍째깍, 가위소리
깨갱깨갱 꽹가리소리
부르는데로 동네아이들 모여들고

손에 들고 온 헌신짝, 고철 부스러기로 엿을 사
내기라도 하듯
토막 낸 엿가락 속에 뚫린 구멍의 크기로
승패를 가르던 유년
그게 무슨 즐거움이라고 그리 신명들이 났었을까

담 너머로 구경하던 아낙들 손에도
찌그러진 냄비 주전자 들려지고
사랑보다 단내 나는 엿으로 웃음꽃을 피운다

어릴 적 고향냄새 풍기는 풍경 앞에 하면
그리움으로 다가오는 유년
사향 한 덩이가
엿물보다 달게 가슴에 터진다

친구야

쾌속질주로 빠르게 지나가는
4호선 운동장역
승강장에 내려 뒤돌아본 순간
꿈에도 그리던 여고시절
단짝친구 '옥녀'
30여년 세월 순간으로 던져놓고 떠나갔다

유학으로 떠난 그녀
환한 미소 뒤에 가려진 찌든 세월의 그림자로
빗장을 걸었던 나

떠나는 전철역 승강장에서
두 눈 자장으로 밝히곤 엇박자로 떠나다니
그의 눈에 비친
나는 어떤 모습이었을까

여고동창회에 물어봐도
알 수 없다는 말만 메아리로 돌아오던

궁금했던 너의 소식이었는데
30년 세월의 그리움을
순간의 눈도장으로 지워버리다니
'친구야'
얼마를 더 그리워해야 되는 건지
우정이란 교과서엔
답이 없구나

애기씨

산도라지빛 꽃처럼 마음이 고운 애기씨
반평생을 올캐의 반쪽이 되어 눈빛만으로도
마음을 읽고 바다 같은 마음으로 회석시켜
눈빛으로 다독이는 손아래 애기씨

내 어찌 손위행세하며 눈 밖에 난 일이 없으랴만
세월이 흘러도 풀기 빠진 가슴들을 맞잡은 우리는 가슴이
따뜻했다

꽃이 피면 같이 웃었고
어려움이 있어 애기씨의 얼굴에 번져있는 눈물을 보았을 때
내 가슴도 따라 눈물이 출렁이었다
사람들이 깊이 잠든 한 밤
육순이 넘은 나이지만 날이 추워지면 제 몸 사위어가는 것도
멀리하고 올케의 안부로 잠을 청하는 애기씨

시집 온 이후 친정 부모님이 하늘나라로 가신·이후도 그리
외롭지 않았다

항시 동심에서 부모님을 그리던 나에겐
애기씨가 훌륭한 나의 버팀목이었다

어려움이 있을 때 푸른 하늘을 올려다보면 거기 아버지가 계서
따뜻한 봄날 같은 음성이 나를 포근히 안아준다
지상의 봄은 애기씨의 산도라지꽃 같은 곱고 따뜻한 마음이 있어 행복하다

속초에서

피로 쓴 연서
바다에 띄우니 잉크빛 가슴으로 차오르고
유영하는 낮달이
애꾸눈을 하고 하늘을 올려다본다

태양은
금실로 수놓은 이불을 깔아주고
바람은
실밥을 풀어 호면을 짜집기한다

맨손을 내밀어
낮달을 건지려는
소녀 적
그리움으로 그려진
얼굴하나가
내 유년에 포개진다

아빠의 얼굴

사랑하는 소년 소녀들아

너희가 떠날 교정에 햇살이 놋날로 쏟아진다
찍힌 놋날자국마다 환희 피어오르는 미소
어느 날엔가 그리움이 되어 돌아오리란 걸
나는 안다

각기 다른 빛깔로 꽃잎하며 희망이라는 꿈을
열매로 거두는 큰 나무가 될 것이란 것도
나는 안다

우리들의 꿈나무인 서부인이여
떠남이 있으면 돌아옴도 있다는 걸
꿈을 심지 않으면 꽃도 열매도 거둘 수 없다는 걸
가꾸고 배운 이 요람이

너희들의 추억과 사랑이 되리란 것을

너와 나
우리는 알고 있다

* 서부초등학교 校誌

임진년의 종을 울려라

- 2012년 새해에 부쳐

먼 북방을 달리던 북소리듯
광야를 달리는 말발굽 소리듯
메아리 없이도 가슴에 감겨오는 종소리가
임진년
겨레의 가슴들을 새 아침으로 연다

연 종소리
두루마리로 펼치며 새기는 역사의 페이지엔
동족상잔의 6.25전쟁, 서해연평교전,
백령도해상에서의 천안함 어뢰공격과
연평도 무차별 포격등이 탄흔(彈痕)이 박히듯
상흔(傷痕)으로 찍혀 있다

역사의 페이지를 넘기며
행간에 찍는 의문부
국토란 무엇이며 조국이란 무엇인가

의문이 의문의 꼬리를 물고

놓아주지 않는
안보의식과 의식으로 다져야할 국민된 의무
의무로 새기고 키워야 할
안보와 조국의식을 일깨우며 메아리로 감겨오는 종소리

울려오는 종소리 귀 아닌 가슴으로 들으며
겨레사랑 나라사랑의 대열에
우리 모두 어깨 나란히 보무당당히 행진하자
종소리에 맞춰

※ 국민안보 FOCUS 권두시.

통영

– 유치환선생 생가에서

붉은 햇살 부챗살로 펼쳐
연민의 무지개를 피어 올리는
뜰에 들어서니

살아계신 동안 등대로 불 켜시던
은사님의 삶이
여직도 살아 숨 쉬는 듯
온기로 가득하다

늘 그랬던 것처럼
그리움은
자잘한 파도가 되어
가슴에 출렁이고
출렁이는 파도가 그리움이 되어
밀려갔다 밀려온다

쌍갈래 머리채 흔들던 여고시절
교장선생 아닌 만인의 시인으로

소녀의 가슴에 우상으로 서 계셨던
청마 선생님

생가의 빈 뜰엔
지금도 서 계시는 선생님의 환영이
무지개를 피웁니다

목욕탕 연가(緣家)

자욱한 물안개 속

50대 때미는 아주머니는 허탈한 듯 허공을 바라보고 힘없이 앉아 쉬고 있었다

"이 일하신지 얼마나 되셨지요."

"오래되었지요. 얼마간 하다가 다른 일 할 것이라고 시작한 때미는 일이 생업이 되어 벌써 강산이 두 번하고도 반이나 바뀌고 지났지요."

처음 2~3년은 아는 사람 만날까 두려워했고 밤이면 내 설움에 베게 닢을 많이 적셨지요.

일하다보니 힘은 들어도 돈벌이는 괜찮아 다른 일은 엄두가 나지 않았다며 한숨을 내신다

옛말에 돈 버는 사람 다르고 돈쓰는 사람 따로 있다더니만 자신이 그런 팔자란다

아이들 초등학교까지만, 중학교까지만. 고등학교까지만 하던 세월 대학을 마친 자녀들 시집가기 전에는 그만 두어야겠단다 동트기 전에 일자리에 와 희미한 물안개 속에서 하루 종일 일하고 여자들 마음 맞추다보면 저녁엔 파절임같이 되어 펄썩 주저앉기도 한단다. 애꿎은 세상 남편은 사업한다며

모아 놓은 돈 홀랑 거덜 내고 이젠 끝인가 했건만 자식들 뒷바라지가 만만치가 않더란다. 매일매일 다람쥐 쳇 바퀴 도는 신세, 하지만 하나님께서 그래도 건강을 주셔서 자식들 뒷바라지하고 남의 집에 돈은 꾸는 일, 신세지는 일없으니 다행이라며 건강하나 타고 난 것에 위로를 받는다고 하신다. 어느 부모나 자식 뒷바라지에는 물 불가리지 않고 자신을 던지나 보다 '위대하다' 어머님의 자식에 대한 사랑 하지만 자식들은 어머니의 희생 알고나 있는 것일까 효도가 무엇인지나 알고 있는 것일까

40년 지기의 그림책

빨. 주. 노. 초. 파. 남. 보
현란한 춤사위의 일곱빛 무지개

가슴에 평행선을 긋는 꽃구름을 채색하며
안도의 숨을 내 쉰다

시간의 흐름을 멈춘 손과 눈망울
서다 되앉아다 하며 이대로 살고 싶은 날

봄바람은 쉼 없이 흐르는데
흐르는 강물의 해저처럼
눈 사위(四圍)의 흔들림은 고요

오늘이 내일의 평화를 끌어낼까
천하를 주름잡던 40년 지기
만나면 끝이 없어라

적잖이 나이를 더하는 동안
오롯이 피어나는 장년시절의
꽃구름 같은 꿈들이 옷깃을 헤치고
현란한 그림이 그리움으로 다가와

마음밭에 제마다의 빛깔로 꽃을 피우는
노장의 하루
무릇 자유의 꽃밭으로
웃음꽃이 피어오른다

사라져 가는 망월동 사진전시장에서

장독대 옆 평상에 둘러앉아 평화롭게 담소하시는
옛 어머님들의 모습을 담은 망구들의 영상

미사지구개발이란 표어에 끝내 웃음을 거두고
망연히 한강을 바라보는
꺼질듯한 할머니의 긴 한숨이 한강과 함께 동행한다

한강 망월포구의 아름다운 풍광과 아침 햇살로 피어오르는 물안개
첫 추위에 하얗게 서리꽃 피어 올리는 대자연의 모습을
하얀 물새들은 어떤 노래로 쪼아 부를까

개발이 무엇인지 자연을 거슬려 가면서
아파트에 지옥같이 갇혀 살것만 같다는 할머니들의 푸념
내가 심고 가꾼 푸른 야채의 채마밭과
울긋불긋 동네를 밝히던 꽃들의 사계와
희미한 등을 밝혀 동네를 지키는 어둠의 파수꾼전신주

진한 정이 아쉽고 이웃 분들과의 이별이 아쉬워
망월동을 뜰 수가 없으시다는 할머니의 긴 한숨이
영상 구석구석에 서려 6.25전 피난민들의
어려움 가운데 옹기종기 살아가시던
내 유년의 어른들 모습이 사진 속 안개밭을 넘나든다

제4부

시집평설

전의식·의식의 양면성과 시적 형상화

박 진 환
(시인 · 문학박사)

1. 前提

현대시의 양면성, 그것은 어쩌면 의식의 작용에서 출발시킨 것과 이와는 반대로 무의식의 작용에서 출발시키는 양면성으로 지적될 수도 있다. 그것은 20C시를 대표하는 철저한 의식적이고도 지적조작에 의해 쓰여진 시와 거꾸로 의식의 통제에서 벗어나 의식이 배제된 무의식의 탈구현상으로 빚어지는 시로 대별해 볼 수 있기 때문이다.

전자를 대표하는 것으로 영 · 미계열의 이미지즘을, 후자를 대표하는 것으로 프랑스를 중심으로 한 슐레알리즘의 시를 제시할 수 있을 것으로 본다.

전자의 경우인 이미지즘의 시는 의식적으로 제작하거나 기도해서 생산해내는 일종의 현대적기획의 산물이라 할 수 있고, 후자의 경우는 의도적으로 의식을 배제한 의식으로부터 자유로운 무의식을 발상으로 해서 시를 성립시키고 있다는 점은 주지하는바다.

체험을 통한 체험대상물을 이미지로 저장하거나 입력시켰다가 이를 재생, 해체와 결합을 통해 재구성해 내는 것이 이미지즘시법이라면 이와는 달리 체험이전의 先體驗인 인류역사를 통해 잔류해온 원시체험을 발상으로 해서 성립시키는 시법이 슐레알리즘의 시법이다.

시는 체험이다를 내세우면서 출발시킨 현대시는 그 때문에 마음속에 입력된 체험대상물을 이끌어 내어 결구시킴으로써 이미지의 조립을 필수화한다. 이와는 반대로 의식적으로 체험대상물을 배제, 의식으로부터 자유스럽고자 한 슐레알리즘의 시는 결구력에 반대되는 탈구현상을 필연화 하기 마련이게 된다.

현대시는 바로 의식과 무의식이라는 서로 다른 발상에서 출발시킨 시이고 그 때문에 시법은 물론 시학을 달리하고 있는게 사실이다. 그리고 우리나라와 같이 모더니즘 전반의 세례보다 이미지즘에 잘 길들여진 편향성을 극복하지 못한 현대시는 박래품이라는 수용의 한계에 머물러 있었던게 사실이기도 하다.

슐레알리즘의 불모지가 된것은 이때문이거니와, 그 때문에 이미지즘시가 비교적 세련미를 지니게 된 소의 또한 이러한 연유에서이다.

무의식의 정신세계를 밝힌 프로이트는 인간의 정신세계에는 뚜렷한 두 이미지를 지니고 있다고 한다. 그 하나는 여성이 이상형의 남성상으로 지니고 있는 아니마현상이고, 다른 하나는 이상적 여성상인 아니무스를 남성들은 지니고 있다는 정신진단이다. 이 말을 풀이하면 인간은 정신의 내면계에 남성의 경우 이상적 여성상인 아니무스를, 여성의 경우 이상적 남성상인 아니마를 지니고 있다는 뜻이 된다. 그리고 이러한 이상형은 남성의 경우 어머니를, 여성의 경우 아버지를 아니무스나 아니마로 지닐 수 있다는 가정의 진단을 가능케 해 준다. 특히 부성동일성이나 모성동일성은 얼마든지 이 가정을 뒷받침해 주기 때문이다.

실제로 시인의 전의식이나 잠재의식속엔 아니마나 아니무스를 지니고 있고, 이런 동일성의 대상을 미화하거나 형상으로 재구성함으로써 형상미학을 보여주고 있는 시인들이 많다. 우재정시인이 상재한 시집 『동행』도 이런 맥락에 잇대어 볼 수 있게 하고 있다.

80여편의 시를 3부에 나누어 수록하고 있는 시집 『동행』은 의식의 양면성을 잘 보여주고 있는데 그 하나는 잠재의식권에 자리하고 있는 이상형의 남성상인 아니마가 아버지로 형상화 되고 있고, 다른 하나는 의식속에 자리하고 있는 체험잔유물들인 모상이나 사상들을 동원, 재구성함으로써 시의 형상화에 기여하고 있다.

이 중 전자의 아버지는 전의식권에, 후자의 이미지군은 의식권에 자리하고 있어 의식의 양면성을 시의 발상지로 하고 있음을 보여주고 있는데 시집 『동행』은 이를 시로써 보여주고 있는 것이 된다. 시집으로 돌아갔을 때 이해를 도울 것으로 본다.

2. 시가 보여주고 있는 의식의 양면성

의식은 대응되는 무의식과 함께 인간의 정신및 심리적 세계를 대표하는 일종의 정신작용으로서 프로이트의 말을 빌면 정신역동쯤이 된다.

이러한 심리학이나 정신분석학적 용어를 논하는 것은 우재정시인의 시가 전의식과 무관하지 않기 때문인데, 시의 발상역할을 한다고나 할까, 현재에는 의식되어 있지 않으나 생각해 내려고 하면 생각해 낼 수 있는 정신의 작용권인 전의식에 잠재된 아버지가 시인의 아니마로 형상화되기를 즐겨하고 있기 때문이다.

일련의 「아버지」 시편이 그러하고, 「아버지」에 연계되어 맥락을 잇대이고 있는 「스승」 시편들은 우재정시인의 전의식이라는 의식작용과 무관하지 않음을 보여주고 있다. 그런가 하면 또 하나의 의식은 전의식과는 달리 깨어있는 지각으로서의 시의식 내지는 창조의식을 들 수 있다. 모든 체험대상물들을 재생, 해체와 결합을 통해 재창조해내는 시적 형상화를 이끌어 내는 제작의식이 그것으로서 이 두 의식을 발상으로 한 시편들을 제시했을 때 우재정 시인의 시집 『동행』의 여러 시적 양태를 극명해 질 것으로 본다.

2-1. 아니마로서의 '아버지'와 '스승'

아니마는 앞에서 언급했듯이 여성이 지니고 있는 이상형의 남성상으로서 일종의 닮고자 하는 동일성의 대상이라고 할 수 있다. 그 때문에 아버지에 대한 그리움이라거나 존경심이라거나, 부성애와 같은 것들을 포괄한 이상형으로 마음속에 지니고 있는 아니마라고 할 수 있다.

우재정 시인의 경우도 예외는 아닌 것 같다. 그것은 아버지가 가버린 날의 추억속의 아버지라거나, 추억을 그리워하며 떠올리는 회상의 모습이라거나, 지금은 곁에 계시지 않아 슬픔으로나 환기시켜보는 그런 人事的 아버지가 아니라 아버지의 품을 호수삼아 꿈을 키우던 한 마리 백조로서의 화자의 요람이 아버지의 품이었기 때문이다. 달리 풀이하면 아버지와 화자는 호수로서의 아버지와, 호수를 요람삼아 꿈을 기르던 백조로서의 화자관계라는 뗄려야 뗄 수 없는 동일성의 고리로 엮어진 관계를 설정하고 있는 부녀간이다. 예시 「아버지 · 6」은 이를 잘 말해주고 있다.

> 아버지는 늘
> 눈으로 날 학교에 보내셨다
>
> 시계(視界) 저쪽으로

아버지는 백조 한 마리를
날려 보내시며
하늘바라기를 즐기셨다

나는 아버지의 꿈이었고
꿈으로 날려보낸
한 마리 백조였다

가슴과 마음이 호수였던
아버지
그 호수에서 나는
꿈을 사랑하는 백조였다

지금은 내 가슴에
백조대신 아버지가 서 계신다

아버지가 날려보낸 시계밖으로 날아가는 한 마리 백조로서의 화자는 아버지의 꿈이었고, 이는 아버지의 '가슴과 마음이 호수'였기 때문이었던 이치를 성립시킨다. 그리고 이 이치는 다시 화자와 아버지의 관계가 '호수'와 '백조'라는 메타포를 성립시켜 준다.

그뿐만이 아니다. 종국에는 예시의 종연처럼 '지금은 내가슴에 / 백조대신 아버지가 / 서계심'으로써 아버지가 화자의 아니마로서의 이상형상으로 자리하고 있음을 알게 하고 있다.

다음 예시는 이를 보다 더 구체화 해주고 있다.

> 삶의 무게를 느낄수록
> 힘에 겨웁니다
>
> 옛날 아버지가 짊어지셨던
> 짐에 비하면
> 작은 보따리 하나인데
> 이렇게 힘에 겨웁니다
>
> 어찌 삶이 무게로 계량되겠습니까마는
> 날이 갈수록 무게는 더해오고
> 중량에 가슴이 눌립니다
>
> 둥지 하나 틀고 살기가
> 이리 힘겨울 때마다
> 아버지
> 아버지를 불러보며
> 아버지 앞에 서 봅니다
>
>
> 아버지가 그리운 날은
> 고달픈 삶의 동앗줄을 풀지 못하는 날입니다

하늘에서 굽어보시며
힘이 되어 주세요
아버지
오늘은 눈물이라도
좀 흘리고 싶습니다

예시는 「아버지 · 5」의 전문이다. 앞의 예시에서와는 달리 아버지는 가슴에 서계시는 그런 아버지에서 '하늘에서 굽어보시'는 아버지로 한차원 승화된 존재로서의 아버지다. '가슴'이 아닌 '하늘'의 존재는 승화에서 절대화, 절대화에서 초월된 존재로, 그리고 종국에는 신격화된 존재가 되는 내적 동경으로서의 아버지가 되기에 이른다.

그 때문에 화자는 삶의 무게에 힘겨워 하면서 아버지 앞에서 보게 된다. 하늘의 존재 앞에 선다는 것은 구원을 의미하는데 화자의 경우도 '하늘에서 굽어 보시며 / 힘이 되어주세요'라고 구원을 청하게 되는 이치가 그러하다.

승화는 사물현상이 점차 높은 상태로 이끌어 올려지는 경로를 지니게 된다. 지상에서 천상으로, 이성에서 사랑으로, 사랑에서 우정으로, 우정에서 정신차원으로 이끌어 올리는 그런 경로를 지니는 것이 승화다. 그러나 이러한 해석은 사전적인 것이고 정신분석적 해석으로는 그 경우가 달라지게 된다. 무의식적인 성적 에너지가 창조적 경로로 이끌어 올려져 사회적으로 유용한 것으로 전환되는 경우를 의미하는 것이 승화이기 때문이다.

우재정 시인의 경우도 같은 맥락성을 지닌다. '가슴에 서계시는 아버지'를 '하늘에 계시는 아버지'로 그 위상을 지상에서 천상으로 이끌어 올림으로써 예술 내지는 종교적 승화라는 창조적 경로로 작용하고 있기 때문이다.

그리고 이러한 이치는 우재정 시인에 있어서의 육친의 '아버지'가 아버지에서 가슴에 서계시는 우상화된 아버지로, 그리고 끝내는 천상의 아버지로 이끌어 올려지는 승화과정을 보여줌으로써 아버지가 단순한 아버지에서 이상화된 아버지로 승화됨으로써 영원히 마음속에 지니는 아니마가 되어주고 있다는 증거로 작용하게 한다.

또 한가지 간과할 수 없는 것이 「스승」이란 제하의 여러 시편들을 발견할 수 있는데 이때의 '스승'은 단순한 글을 배움으로써 존경하는 대상으로서의 스승차원을 넘어 점차 승화과정을 통해 이끌어 올려지고 있음을 보여주고 있다.

교목인 태산목은 꽃으로 피어나
향기의 비 빛의 비로 내리고
푸른 칠판의 국어선생님의 수업은
환희의 비로 내렸다

청아한 하늘
당신이 입 모아 울리는 시가(詩歌)는
자연의 소리를 메아리로 감아 들렸고

'나를 생각하고 사랑하라'시던 급훈(級訓)은
당신의 영이 자장(磁場)되어 해 밝힌 등불로
내 생의 둥지에 등불을 걸어 주셨다

수정동의 학교에 몸담았던 당신을 기리면
태산목향기가 빛과 그늘로
청학동의 바다를 이루고
파도 물레질 삼아 추억을 감아 올린다

－「스승·4」의 전문

눈이 내린다
차가운 눈으로 피우는
따뜻한 시정(詩情)의 체온이 감길 듯한 설화

스승님의 사랑도
꽃으로 피면
차가운 듯 따뜻한
피가 도는 꽃이 필까

하늘에 별 하나
가슴엔 듯 이마엔 듯
얹고 사는
스승님은
내 생의 요람

-「스승·5」의 전문

두 예시가 보여주듯이 앞의 예시에서는 시행중 '급훈'이라는 시어로 보아 고등학교 시절 시를 가르쳐 주셨던 스승일 듯 싶고 뒤의 예시는 '스승님은 / 내 생의 요람'에서 읽을 수 있듯이 새로운 생을 탄생시켰거나 출발시킨 정신적 고향으로서의 은사쯤으로 이해하게 한다.

앞의 예시는 고교시절의 국어선생님을, 뒤의 예시는 화자의 경우가 시인이고 보면 시로써 시인의 길을 걷게 해준 그런 은사쯤이 아닐까 싶다.

문제는 어떤 스승이었냐에 있지 않고 고교시절의 국어선생님에서 '하늘에 별하나 / 가슴엔듯 이마엔듯 / 얹고 사는/ 스승님은/ 내 생의 요람'으로 스승의 정체가 이상형 스승으로 한차원 승화되고 있다는 사실이다.

이로써 미루어 볼 수 있는 것이 '스승'이란 존재가 '아버지'의 대리대상으로 동일시되거나 승화되고 있다는 점은 간과할 수 없는 점이라고 본다. 이를 달리 풀면 '아버지'와 '스승'은 앞의 경우 '전의식'에 자리하고 있는 대상존재이고 뒤의 경우 현존이라는 점인데, 서로 존재의 배경을 달리하면서도 '아버지'에서 '스승'으로 연계되는 승화과정에서 보면 두 경우 예외없이 동일성의 대상이 되고 있다는 점에 귀결된다. 그리고 이러한 동일성은 부성동일성에서 스승동일성으로 이어지면서 시의 형상화라는 창조적 경로로 승화되고 있음을 보여준 것이라고 할 수 있다.

2-2. 의식을 통한 창조적 경로의 형상화

시집 『동행』의 또 다른 일면이 의식을 통한 창조적 경로의 형상화 작업이다. 앞의 전의식이 보여준 잠재의식이 아닌 의식을 통한 제작성이랄까, 기획성이랄까, 현대적 기획의 일환이랄까, 지적조작이랄까를 포괄하는 창조의 의식화는 다이에 해당될 듯 싶다.

의도적으로 시를 조립하는 기획성으로서의 제작성, 의도적으로 낯설게 꾸미는 변용이나 전경화등은 잠재의식이나 전의식의 형상화와는 다른 창조적 경로를 지니게 된다. 일종의 이미지즘 시법을 신봉하는 경우로서 우재정시인의 의식적 제작성이나 지적 조작으로서의 변용의 시편들은 예외없이 이를 말해준다고 할 수 있다. 역시 시를 제시 했을 때 이해를 도울 것으로 본다.

하늘 맞닿은 곳
줄기째 토악질을 해대는 폭포의 위용 앞에
하늘바라기로 서 본다

한 섬씩
백 섬씩 구슬을 토해내는
토사물엔 구린내 아닌
문명으로는 헹궈낼 수 없는
순수가 들어 있다

얼마만큼 저 낙법(落法)을 익히면
물의 순수로 돌아갈 수 있을까

사바의 얼룩진 삶을 헹구며
토악질의 세례를 받는다

-「백암산 · 12」 전문

청산의 늙은 절간
바람으로 타종한 정적이
추녀 끝 풍경 소리에
은하수비가 되어 쏟아져 내린다

비에 젖어
추적추적 발자국 찍어
정적 발길질 해 보지만
절간의 텅 빈 공허는
깊이를 더해간다

스님은 어디로 출타하신 것일까
상수리나무에서
도토리 하나가 의문부 대신
떨어져 찍힌다

-「산사에서 · 1」 전문

두 예시가 보여주고 있는 공통점은 매우 의도적인 지적조작에 의해 시가 씌어졌다는 점이다. 지적조작은 의도적 제작이라고도 할 수 있고, 달리는 현란한 레토릭을 통해 시적 대상을 재구성하거나 개조해내고 있다는 뜻이 된다. 그리고 재구성이나 개조는 본디의 것을 변용해내는데 성공하고 있다는 뜻이고, 여기에서 성공은 시법에 충실했다는 뜻과도 통한다.

예시 「백암산 · 12」는 시인의 우거가 백암산자락이고 보니 자연스레 산을 벗하기 마련이고, 벗하다 보니 친숙해지고, 친숙하다 보니 觀山이 잦아질 수밖에 없게 됐을 것이란 추정은 어렵지 않다. 그러나 그저 관상하듯 바라보는 그런 觀山과는 달리 폭포의 물줄기가 쏟아져 내리는 것을 '토악질을 해대는 폭포'라든지, '한섬씩 /백섬씩 구슬을 토해'낸다든지, '토사물엔 구린내 아닌 / 문명으로는 헹궈낼 수 없는 /순수'가 들어 있다든지로 조작해내는 의도적 제작은 분명 변용이자 낯설게 쓰기가 된다. 그리고 이러한 레토릭의 구사는 철저히 의도되고 기획된 지적조작으로서 의식적 창조행위가 된다.

문제는 이러한 레토릭 구사에만 있는 것이 아니다. 3연에서의 '얼마만큼 저 낙법을 익히면 / 물의 순수로 돌아갈 수 있을까'라고 설의로써 터득해내는 자연을 통한 귀한 깨달음이며 종연에서의 '사바의 얼룩진 삶을 헹구며 / 토악질의 세례를 받는다'는 문명비판적 역설의 묘미는 지적차원의 조작이라는 높은 레토릭의 경지를 보여주고 있다.

예시 「산사에서 · 1」의 경우도 같은 맥락성을 지닌다. 산사의 풍경소리를 '바람으로 타종한 정적'이라고 조작해낸 아이러니나, 종연에서 '스님은 어디로 출타하신 것일까'로 설의해 놓고는 그 답 대신 '상수리 나무에서 / 도토리 하나가 의문부대신/ 떨어져 찍힌다'로 짐짓 시치미를 떼는 위트는 이 시 또한 철저한 계산되고 계획된 지적조작을 보여준 것이라 할 수 있다.

이쯤에서 끝나기에는 아쉬운 몇 편의 시가 있어 예시해 보기로 한다.

도리깨 맛을 보고서야
존재를 드러내는
매질 없이는 태어날 수 없는
진주도 아니면서
구슬도 아니면서
완성된 원형으로
태어나는
콩

도리깨 맛을 보고서야
껍질을 벗겨내는
콩타작이 그러하듯
매를 맞고서야
비로소 영글어 갈 수 있는

육신속의 진주
양심타작하기

예시는 「콩타작」 전문이다. 흔히 가을무렵 볼 수 있는 농촌풍경의 하나인 콩타작에서 포착해낸 기발한 착상으로서의 컨시트를 간과할 수 없어서 예시했다.

도리깨질이건 매를 맞고서야 존재를 드러내는, 매질 없이는 탄생할 수 없는 콩알 하나에서 새로운 의미를 탄생시키는 위트와 위트를 빌어 재빨리 전환내지 이동해 내는 새로운 의미의 탄생은 분명한 컨시트에 값한다고 할 수 있다. 그것은 1연의 평범한 발상을 2연으로 이동시키면서 '콩타작이 그러하듯 / 매를 맞고서야 /비로소 영글어갈 수 있는 / 육신속의 진주 / 양심타작하기'는 매우 재빠른 순발력을 빌어 발상을 이동시킨 컨시트다.

이만하면 어디에 진열해도 좋을 예시에서의 위트와 컨시트는 우재정시인이 매우 현대시법을 중시하면서 충실하고자 하는 일단의 시적 의지를 보여준 것이라고 여겨져 값진 수확으로 지적될 수 있을 것으로 보면서 결론을 제시해도 좋을 듯 싶다.

3. 결어

우재정시인의 시집 『동행』은 시편들이 보여주듯이 전의식과 의식의 양면성을 보여주면서 이를 발상으로 한 시적 형상화라는 실제를 시로써 제시해주고 있다고 할 수 있다.

전의식을 발상으로 한 「아버지」와 아버지의 승화를 통한 아니마화, 이에 연계시켜 아버지의 대리대상으로 「스승」으로 확장시키는 시역을 제시했다. 그리고 이와는 달리 철저한 의식적 창조행위를 통한 지적조작과, 의도된 제작으로서의 형상화나 변용, 이를 이끌어내는 위트와 컨시트의 활용등은 우재정 시인의 시가 현대시법에서 시를 출발시키고 있는 것을 말해 준 것으로 시적 신뢰를 획득하고 있다고 본다.

•

우재정 시인은 부산출생으로 부산사대부중, 경남여고, 양원주부학교 전문부, 방송통신대학교 국문학과를 수학했다.. 월간『문학공간』으로 등단했고, 명예문학박사, 한국문인협회 남북문화교류위원, 국제펜클럽 한국본부회원, 경기문협 운영위원, 세계예술문화아카데미회원, 하남문인협회지부5~6대회장, 백양문학부회장 등을 역임한 후 하남문인협회고문, 하남예총감사, 운현시문학회부회장, 한국시낭송가협회이사. 한국공간시인협회이사. 문학공간중앙위원. 한국작가중앙위원, 21C시학아카데미회원 및 백양문학동인, 운현시동인, 문학공간동인으로 활동중이다. 15회 문학공간상, 27회 동백예술문학상, 3회 하남문학상, 17회 경기도문학상, 6회 하남문화상, 한국문학신문 문학상 등을 수상했으며, 시집에『그리움의 여백』,『하늘바라기』,『아버지의 뜰』,『동행』등이 있다. 경기도 하남시 감북동 433-1, 019-393-1158.
E-mail : wjj1945@hanmail.net

•

조선문학시인선 310

동 행

2012년 2월 5일 인쇄
2012년 2월 10일 발행
지은이 / 우재정
발행인 / 박진환
펴낸곳 / 조선문학사
등록번호 / 1-2733
주소 · 110-092 서울 서대문구 홍제2동 96-4
대표전화 / 730-2255
팩 스 / 723-9373
ISBN 978-89-93614-80-0
정가 10,000원
* 인지는 저자와 합의 하에 생략
* 잘못된 책은 서점에서 교환해 드립니다.